mommy

mamma

AF726986

daddy

pappa

boy

pojke

girl

flicka

1

one

ett

2

two

två

3

three

tre

4

four

fyra

5 

6 

five

fem

six

sex

7 

8 

seven

sju

eight

åtta

9

nine

nio

10

ten

tio

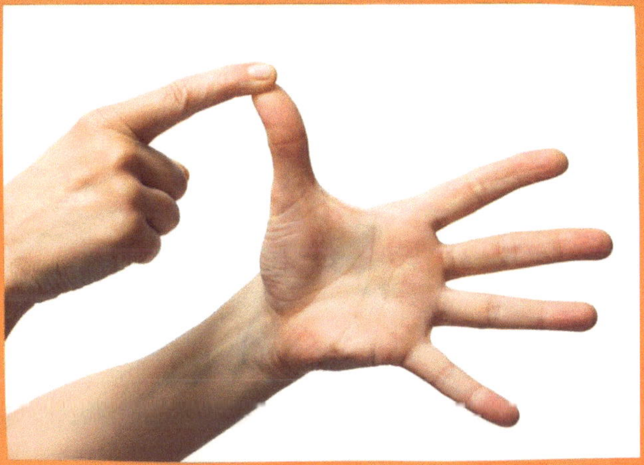

count

räkna

write

skriva

draw

rita

paint

måla

circle

cirkel

square

kvadrat

rectangle

rektangel

triangle

triangel

star

stjärna

black

svart

white

vit

brown

brun

red

röd

blue

blå

yellow

gul

green

grön

purple

lila

gray

grå

orange

orange

pink

rosa

apple

äpple

banana

banan

pineapple

ananas

watermelon

vattenmelon

pear

päron

grapes

vindruvor

mango

mango

peach

persika

strawberry

jordgubbe

cherry

körsbär

orange

apelsin

coconut

kokosnöt

lemon

citron

mushroom

svamp

corn

majs

tomato

tomat

pumpkin

pumpa

cucumber

gurka

carrot

morot

potato

potatis

zucchini

zucchini

spinach

spenat

cauliflower

blomkål

egg

ägg

plate

tallrik

spoon

sked

knife

kniv

fork

gaffel

cake

tårta

baby bottle

nappflaska

candies

godisar

cheese

ost

drink

dricka

eat

äta

hot

varmt

cold

kallt

small

liten

big

stor

short

kort

long

lång

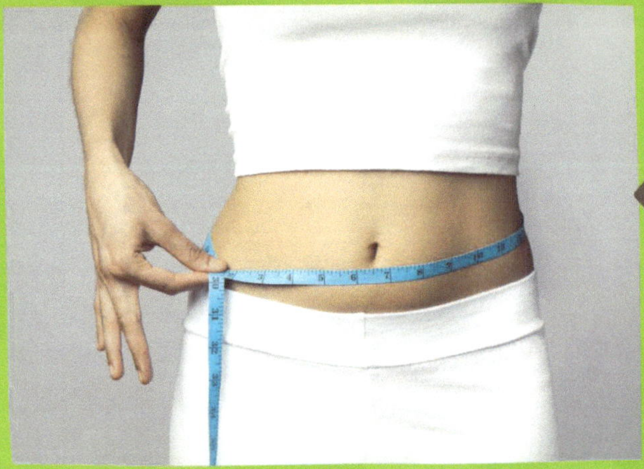

thin

tunn

large

stor

easy

lätt

difficult

svår

stand up

stå upp

sit down

sitta ner

sweet

söt

salty

salt

heavy

tung

light

lätt

in

i

out

utanför

dirty

smutsig

clean

ren

close

stängd

open

öppen

pencils

pennor

clock

klocka

key

nyckel

book

bok

bed

säng

crib

spjälsäng

table

bord

chair

stol

car

bil

bike

cykel

plane

flygplan

boat

båt

train

tåg

helicopter

helikopter

firetruck

brandbil

firefighter

brandman

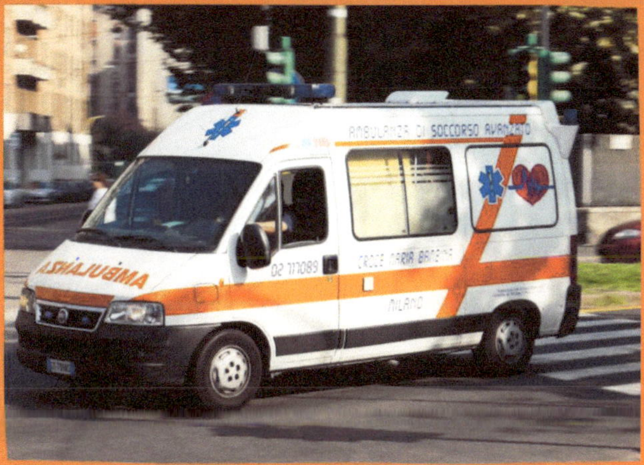

ambulance

ambulans

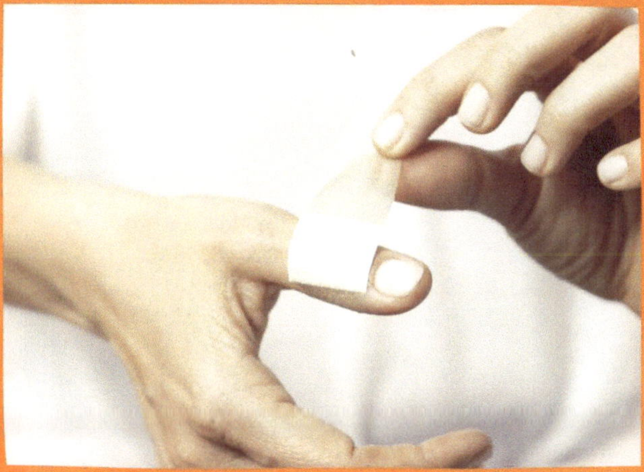

bandage

bandage

paramedic

sjukvårdare

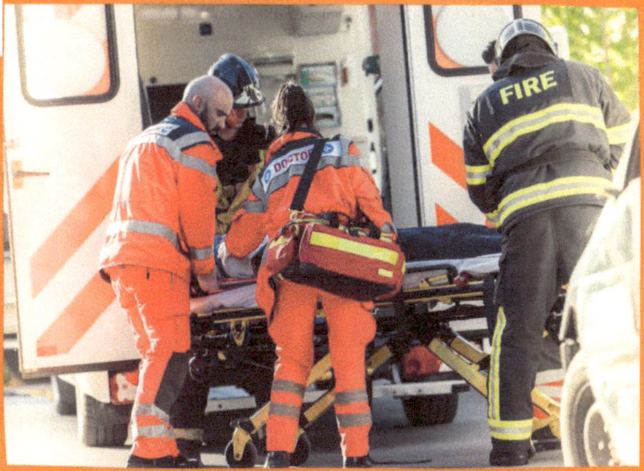

rescue team

räddningsstyrka

forest

skog

mountain

berg

grass

gräs

sand

sand

tree

träd

flower

blomma

butterfly

fjäril

ant

myra

cat

katt

dog

hund

horse

häst

mouse

mus

cow

ko

pig

gris

sheep

får

duck

anka

goose

gås

rabbit

kanin

fish

fiskar

vet

veterinär

doctor

läkare

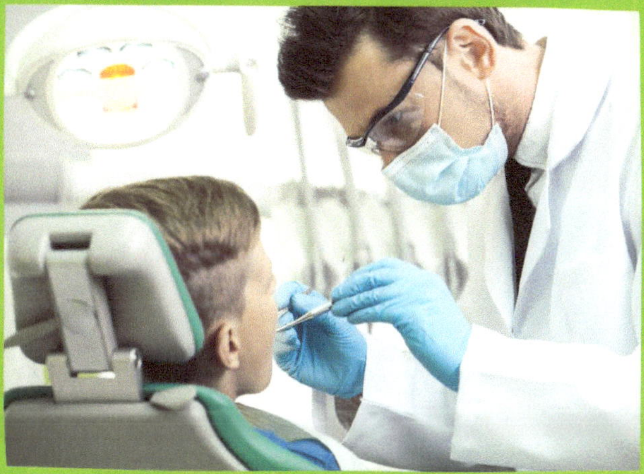

dentist

tandläkare

pharmacist

apotekare

nurse

sjuksköterska

head

huvud

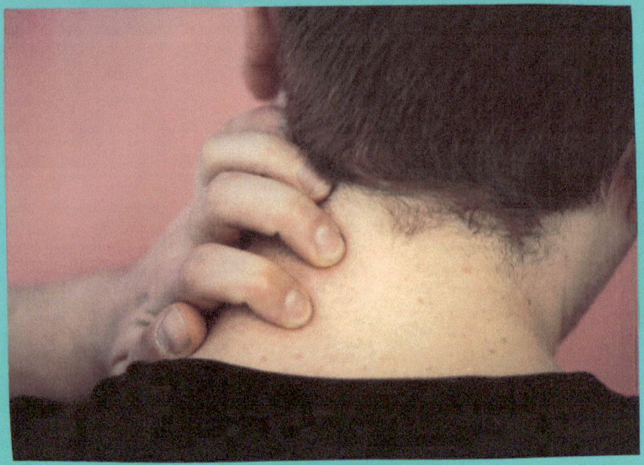

neck

hals

foot

fot

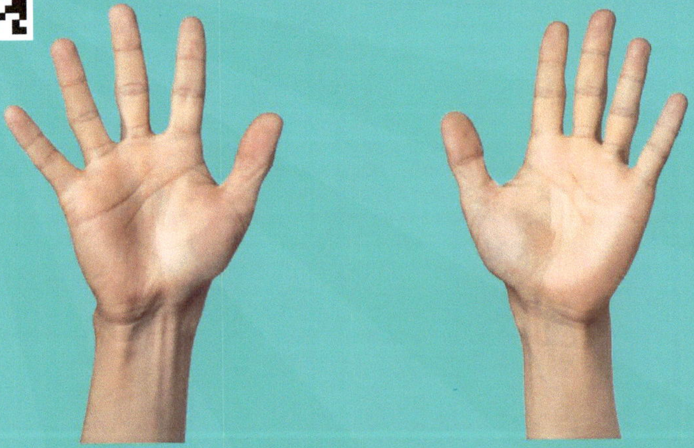

hand

hand

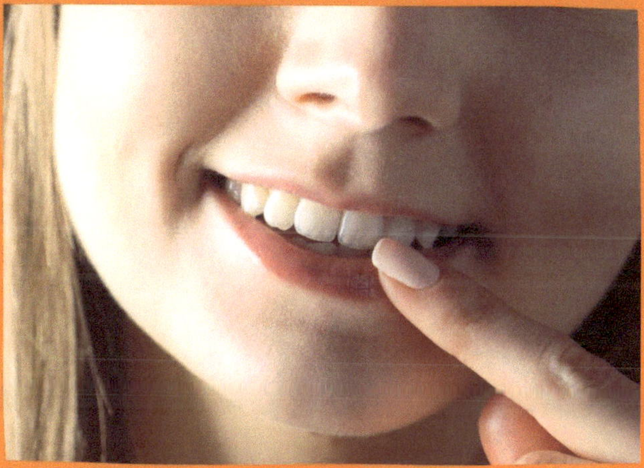

teeth

tänder

eye

öga

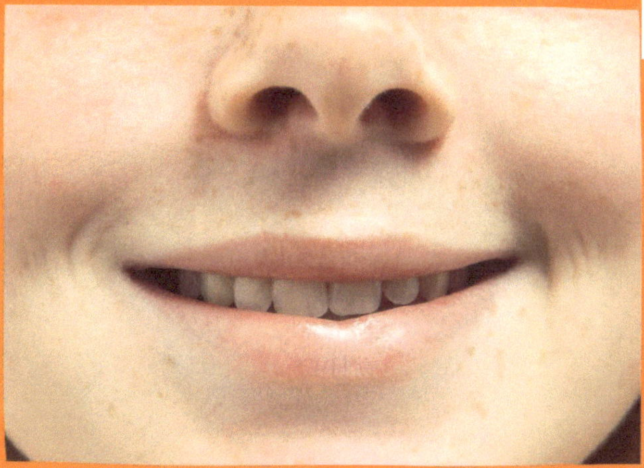

mouth

mun

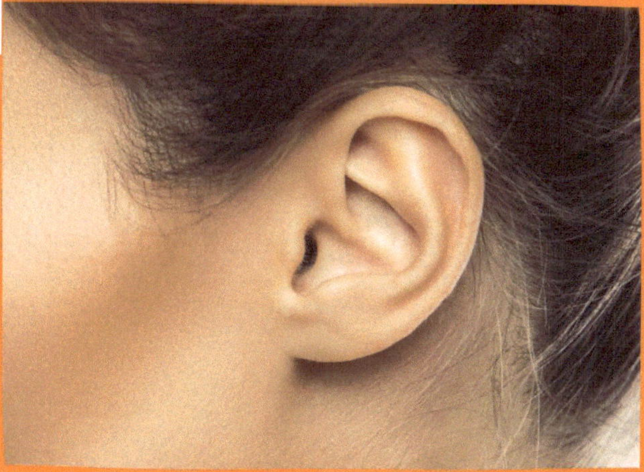

ear

öra

hat

hatt

dress

klänning

pants

byxor

shoes

skor

coat

jacka

scarf

halsduk

umbrella

paraply

glasses

glasögon

sun

sol

cloudy

molnigt

rainy

regnigt

moon

måne

www.ingramcontent.com/pod-product-compliance
Ingram Content Group UK Ltd.
Pitfield, Milton Keynes, MK11 3LW, UK
UKHW061027310726
14090UKWH00026B/149
* 9 7 8 2 3 8 4 1 2 9 9 5 9 *